Perles de CHEFS D'ÉTAT

Des mêmes auteurs, aux éditions Leduc Humour :

- ***Perles de Coco Chanel*, 2022.**
- ***Perles de Jean Gabin*, 2021.**
- ***Perles de Michel Audiard*, 2021.**
- ***Perles de Mitterrand*, 2021.**
- ***Perles de Karl Lagerfeld*, 2021.**
- ***Dico aigri de la littérature*, 2020.**
- ***Dico aigri du cinéma et des séries*, 2020.**
- ***Perles d'Elizabeth II et du prince Philip*, 2020.**
- ***Perles de De Gaulle*, 2019.**

Correction : Audrey Peuportier
Mise en page : Le Petit Atelier
Couverture : Antartik
Illustrations : Hélène Crochemore
Photographie de couverture : Getty Images

10, place des Cinq-Martyrs-du-Lycée-Buffon
75015 Paris – France
ISBN : 978-2-36704-294-7

Frédéric Pouhier et Susie Jouffa

Perles de CHEFS D'ÉTAT

LEDUC HUMOUR

« La vie m'a appris qu'il y a deux choses
dont on peut très bien se passer :
la présidence de la République et la prostate. »

Georges Clemenceau

Sommaire

Introduction 6

Mots d'esprit et reparties 9

Bêtises et lapsus au sommet du pouvoir 39

Leçons de politique 57

Misogynie, homophobie et autres outrances 89

La démocratie ? Non, merci ! 111

La folie du pouvoir 127

Vacheries de chefs d'État 147

Prenons un peu de hauteur 169

Introduction

Il existe, dans toute bonne librairie, toutes sortes de livres de perles. Perles de médecins, perles de profs, perles d'assureurs, perles de coiffeurs... mais il y a une profession qui, jusqu'à maintenant, n'était pas représentée. Ce métier, c'est celui de chef d'État. Certes, les chefs d'État sont bien moins nombreux que les professeurs ou les coiffeurs. Il y en a en ce moment, de par le globe, 195 en exercice. De droite, de gauche, communistes, centristes, écolos, démocrates, dictateurs, militaires, élus pour quatre ans, cinq ans ou même à vie – ce qui est encore mieux qu'un CDI.

Chef d'État est vraiment une profession à part. Il faut être un peu «zinzin» pour décider, un jour, de diriger une nation. Ce n'est pas nous qui le disons, mais une très sérieuse étude du Duke University Medical Center, en Caroline du Nord, publiée en 2006 par le *Journal of Nervous and Mental Disease*. Trois chercheurs ont passé au crible la vie de tous les présidents américains entre la Déclaration d'indépendance de 1776 et la fin du mandat de Richard Nixon en 1974. Résultats de cette étude: 49% des chefs d'État «remplissent des critères suggérant des troubles psychologiques». La définition est large, regroupant aussi bien l'anxiété (8%), la dépression (24%), que la dépendance à l'alcool (8%). Cette étude a relevé, par ailleurs, des comportements bipolaires chez 8% des présidents: John Adams, Theodore Roosevelt et, plus proche de nous, Lyndon Johnson. Et encore, cette étude ne prenait pas en compte l'ancien locataire de la Maison-Blanche, le non-regretté Donald Trump qui, lui, accumulait les tares. Cet état de fait n'est en aucun cas réservé aux seuls États-Unis d'Amérique. Vous constaterez, au fil des pages de cet ouvrage, que l'Afrique, l'Amérique centrale et l'Europe n'ont pas été épargnées par les chefs d'État mégalomanes et les dictateurs fous. Seul continent oublié par cette pandémie autocratique, l'Antarctique, où les manchots et autres otaries n'ont pas eu affaire à un tyran. De Jules César à Emmanuel Macron en passant par Winston Churchill ou Amin Dada, vous trouverez dans ce livre deux mille ans de vacheries, bêtises, provocations, dingueries... au plus haut sommet du pouvoir.

Mots d'esprit et reparties

Commençons cet ouvrage, si vous le voulez bien, par de la légèreté, de la finesse et de la drôlerie, ce que nous ne pourrons pas vous garantir dans les autres chapitres de ce livre. Croyez-nous sur parole. Mots d'esprit, vannes bien senties, reparties imparables, les chefs d'État peuvent parfois se révéler des comiques hors pair.

Le Premier ministre britannique, David Lloyd George, déclara devant Aristide Briand :

— Vous autres, Français, vous êtes des vaniteux. Mais prenez garde, entre la vanité et le ridicule, il n'y a qu'un pas.

— Oui, répondit Briand, le Pas-de-Calais.

« Au ciel, le policier est anglais, le cuisinier français, l'amant italien, le mécanicien allemand et l'administrateur suisse. En enfer, le policier est allemand, le cuisinier anglais, l'amant suisse, le mécanicien français et l'administrateur italien. »

Valéry Giscard d'Estaing

« Le secret de ma vitalité ? Je n'ai dans le sang que des globules rouges : l'alcool a tué depuis belle lurette tous mes globules blancs. »

WINSTON CHURCHILL

« Les non-vaccinés, j'ai très envie de les emmerder. Et donc on va continuer de le faire jusqu'au bout. »

EMMANUEL MACRON

Un de ses adversaires reprocha à Edgar Faure ses nombreux revirements politiques:

— Vous êtes une vraie girouette.
— Ce n'est pas la girouette qui tourne, répondit le président, c'est le vent.

« Il suffit d'ajouter "militaire" à un mot pour lui faire perdre sa signification. Ainsi la justice militaire n'est pas la justice, la musique militaire n'est pas la musique. »

GEORGES CLEMENCEAU

Lors d'un débat, le président républicain Theodore Roosevelt tenta de piéger son adversaire démocrate :

– Puis-je vous demander pourquoi vous êtes démocrate ?

– Mon grand-père était démocrate, mon père était démocrate et je suis démocrate.

– Mon ami, supposez que votre grand-père ait été un crétin, que votre père ait été un crétin, que seriez-vous aujourd'hui ?

– Républicain !

« L'homme qui n'est pas socialiste à 20 ans n'a pas de cœur, mais s'il est encore socialiste à 40 ans, il n'a pas de tête. »

Aristide Briand

Alors qu'il s'entretenait avec un grand industriel préoccupé par les turbulences boursières, John Fitzgerald Kennedy voulut rassurer son interlocuteur :

— Tout va bien, croyez-moi, si je n'étais pas président des États-Unis, j'achèterais des actions sans hésiter.

— Si vous n'étiez pas président… moi aussi !

Question d'un journaliste au Premier ministre québécois Maurice Duplessis :

— Combien de personnes travaillent dans la haute administration ?

— Environ la moitié.

Un jour où il prenait un bain de foule, un homme vint vers Jacques Chirac et lui cria « connard ! ». Sans se départir de son sourire, le président lui répondit :

« Enchanté, moi c'est Chirac. »

Un haut fonctionnaire essaya de se placer dans l'entourage du général de Gaulle :

— Mon général, je suis du bois dont on fait les ministres.

— Eh bien, quand j'aurai besoin d'un ministre en bois, je penserai à vous, répliqua le général.

« Un politicien est un individu dont les opinions politiques sont opposées aux vôtres. S'il a les mêmes idées que vous, c'est un homme d'État. »

David Lloyd George

« Quand on fait un mini-sommet, on a forcément de mini-conclusions. »

François Hollande

« La différence entre dictature et démocratie ? En démocratie, lorsqu'on frappe à votre porte à 6 heures du matin, c'est le laitier. »

WINSTON CHURCHILL

« Le meilleur moyen de s'assurer que le crime ne paie pas est de laisser le gouvernement le gérer. »

RONALD REAGAN

« La Bible n'est pas un cadastre. »

YITZHAK RABIN

« En Angleterre, tout est permis, sauf ce qui est interdit. En Allemagne, tout est interdit, sauf ce qui est permis. En France, tout est permis, même ce qui est interdit. En URSS, tout est interdit, même ce qui est permis. »

Winston Churchill

« En politique, si vous voulez des discours, demandez à un homme. Si vous voulez des actes, demandez à une femme. »

Margaret Thatcher

Pendant une élection cantonale dans la Nièvre, l'adversaire communiste de François Mitterrand claironna :

– Demain, je passerai comme une lettre à la poste !

– La poste est fermée le dimanche, répondit Mitterrand.

À l'opéra, l'un des spectateurs demanda au président américain Calvin Coolidge :

— Que pensez-vous de l'exécution du ténor ?

— Je suis absolument pour.

Winston Churchill à une parfaite inconnue
qui l'apostrophait :

– Winston ! Imaginez-vous un instant avec ma beauté et votre intelligence…
– Ma chère ! Imaginez-vous un instant avec votre intelligence et ma beauté !

Le chancelier allemand Gerhard Schröder demanda
à Jacques Chirac :

– Avez-vous le sentiment d'avoir changé depuis votre élection ?
– J'ai changé de bière. Je suis passé de la Corona à la Kronenbourg 1664.

« Comme d'habitude, les libéraux présentent des propositions intelligentes et des propositions originales. Mais les propositions intelligentes ne sont pas originales et les propositions originales ne sont pas intelligentes. »

HAROLD MACMILLAN, PREMIER MINISTRE BRITANNIQUE DANS LES ANNÉES 60

« On greffe de tout aujourd'hui, des reins, des bras, un cœur. Sauf les couilles. Par manque de donneurs. »

JACQUES CHIRAC

Durant un meeting, le Premier ministre britannique Harold Wilson fut interrompu par un perturbateur qui hurla :

— Du vent, du vent !

— Ne vous impatientez pas, répondit Wilson, j'ai prévu de parler de votre activité.

Napoléon était réputé pour ses colères légendaires. L'une des plus célèbres se déroula le 28 janvier 1809. La victime en fut son ancien ministre, Talleyrand, suspecté d'avoir trahi l'Empereur en négociant avec ses ennemis.

« Vous êtes un voleur, un lâche, un homme sans foi. Vous avez trompé, trahi tout le monde. Tenez, vous êtes de la merde dans un bas de soie. »

Avant de sortir, Talleyrand, vexé, dit aux témoins de la scène :

« Quel dommage, messieurs, qu'un si grand homme soit si mal élevé. »

Alors chef du gouvernement provisoire, de Gaulle déclara en octobre 1945 :

« En 1944, les Français étaient malheureux, maintenant ils sont mécontents. C'est un progrès. »

L'empereur éthiopien Hailé Sélassié, lorsqu'on lui demandait ce qu'il pensait de la civilisation des Blancs :

« Ce ne serait peut-être pas une mauvaise idée ! »

En 2009, Barack Obama s'en prit au président vénézuélien, Hugo Chávez, qu'il accusa de soutenir le narcotrafic et de ne pas respecter les droits de l'homme. Chávez lui répondit, avec « classe » :

« Et les droits de l'homme dans la bande de Gaza, vous en parlez ? Allez vous laver le cul, monsieur Obama. »

« Pour faire le blocus de Monaco, il suffit de deux panneaux sens interdit. »

CHARLES DE GAULLE

« Chaque contribuable est quelqu'un qui travaille au profit du gouvernement sans être astreint à passer les concours de fonctionnaires. »

RONALD REAGAN

« L'avantage avec la femme africaine est que, quand elle décide de partir, tu as encore deux ans pour la reconquérir. »

Robert Mugabe, ancien président du Zimbabwe

Jacques Chirac, alors qu'il était Premier ministre de François Mitterrand, s'agaça devant des parlementaires parce que son entourage ne cessait de voir des complots venant de l'Élysée :

« Moi, je ne vois pas tout le temps la main de Mitterrand dans la culotte de ma sœur. »

Mitterrand aurait alors commenté :

« Je ne savais pas qu'il avait une sœur. »

À la fin d'un dîner officiel où tous les plats étaient arrivés froids, lorsqu'on servit le champagne, l'ancien Premier ministre britannique, Benjamin Disraeli, s'exclama :

« Enfin quelque chose de chaud. »

Une jeune femme, intriguée par les regards insistants que lui portait Edgar Faure, protesta :

– Monsieur, pourquoi me dévisagez-vous ainsi ?
– Madame, je ne vous dévisage pas, je vous envisage.

« C'est le coq qui chante, mais c'est la poule qui pond les œufs. »

Margaret Thatcher

Un aristocrate demanda un jour au président Adolphe Thiers :

– Monsieur Thiers, de qui descendez-vous ?
– Moi, monsieur, je ne descends pas, je monte !

« Si Dieu descendait sur la Terre, tous les peuples se mettraient à genoux, sauf les Français qui diraient : "Ah ! Vous êtes là. C'est pas trop tôt ! On va enfin pouvoir discuter un peu." »

Benjamin Disraeli, Premier ministre britannique de la fin du XIXe

À la cour de Napoléon, une rumeur tenace prétendait que Cambacérès, le deuxième consul, était homosexuel. Un jour où il arriva en retard à un rendez-vous avec l'Empereur, il s'excusa :

— Je vous demande pardon, sire, j'étais avec une dame.
— Quand on a rendez-vous avec l'Empereur, répliqua Napoléon, on dit à ces dames de prendre leurs cannes et leurs chapeaux et de foutre le camp !

En 1952, Churchill confia au roi George VI :

« Quand j'étais plus jeune, j'avais comme règle de ne jamais boire d'alcool fort avant le déjeuner. Maintenant, ma règle est de ne jamais le faire avant le petit déjeuner. »

Après le décès de l'un de ses proches collaborateurs, le Premier ministre britannique, Herbert Asquith, reçut la visite d'un ambitieux se portant candidat au poste du défunt :

— Je suis prêt à prendre sa place.
— Eh bien, répondit le Premier ministre, arrangez-vous avec les pompes funèbres.

À l'occasion d'une photo de groupe, Margaret Thatcher dit à Edward Heath, l'ancien Premier ministre britannique :

– Vous deviez être à ma droite.
– Ça serait difficile ! répondit-il.

Adolphe Thiers, discutant politique avec le roi Louis-Philippe, lui dit :

— Ah ! Sire, vous êtes bien fin, j'en conviens, mais sur ce point je le serai encore plus que vous.
— La preuve que non, répondit le roi, c'est que vous le dites.

En 1962, à la fin de la guerre d'Algérie, de Gaulle se confia à un collaborateur :

« Je m'ennuie. Le gouvernement, c'est très ennuyeux ! La guerre, c'est intéressant, mais c'est atroce ! Par contre, la paix... c'est vraiment assommant. »

« Si ça avait été des Chinois dans le jardin d'Éden, ils auraient mangé le serpent plutôt que la pomme. »

ROBERT MUGABE, EX-PRÉSIDENT DU ZIMBABWE

En 1599, après la mort de sa favorite, Henri IV fit la connaissance de la ravissante Henriette d'Entragues. Éprouvant un véritable coup de foudre, le roi lui dit :

– Par où pourrait-on gagner votre chambre ?

– Par l'église, sire !

Le président américain, Abraham Lincoln, répondit au démocrate Stephen Douglas qui l'accusait de mener « une politique à deux visages » :

« Si j'avais deux visages, vous pensez vraiment que j'utiliserais celui-ci ? »

Le président Armand Fallières à son successeur Raymond Poincaré :

« La place n'est pas mauvaise, mais il n'y a pas d'avancement. »

« La politique est supposée être la seconde plus ancienne profession. J'ai réalisé qu'elle ressemble beaucoup à la première. »

Ronald Reagan

À un général se plaignant à lui que sa femme le trompait avec le roi de Naples, Napoléon répondit :

« Mon cher, je n'aurais pas le temps de m'occuper des affaires de l'Europe si je me chargeais de venger tous les cocus de la cour. »

« Après la guerre, deux choix s'offraient à moi : finir ma vie comme député ou la finir comme alcoolique. Je remercie Dieu d'avoir si bien guidé mon choix : je ne suis plus député ! »

Winston Churchill

Sur le bateau qui le conduisait en Indochine, le futur président de la République Paul Doumer annonça:

« Je bannirai impitoyablement de la colonie les fumeurs d'opium, les mauvais colons, les fonctionnaires prévaricateurs et paresseux, les commerçants malhonnêtes... »

Un de ses assistants l'interrompit et ajouta:

« Alors, il va falloir ordonner l'évacuation. »

Napoléon à propos de sa sœur Mathilde et de ses conjoints:

« Ma sœur a beaucoup de goût, mais il est mauvais. »

En 340 avant J.-C., le roi Philippe II de Macédoine lança aux Spartiates :

– Si je gagne cette guerre, vous serez mes esclaves.
– Si... répondirent laconiquement les Spartiates.

Le tsar Frédéric II de Russie demanda à son médecin, pour se moquer de lui :

— Combien avez-vous tué de gens dans l'exercice de votre art ?
— Sire, environ 300 000 de moins que Votre Majesté.

En 2006, lors de son discours à l'ONU, Hugo Chávez, président du Venezuela, déclara en faisant allusion au discours de George Bush de la veille :
« Hier, le diable en personne se tenait ici, ça sent encore le souffre, protège-nous, Seigneur », avant de faire un signe de croix.

Un chef peau-rouge dit un jour au président Ronald Reagan :

« Méfiez-vous des immigrés, Monsieur le Président : ne faites pas comme nous. »

En 1899, le président de la République, Félix Faure, succomba à une crise cardiaque à l'Élysée, en plein ébat avec sa maîtresse, Marguerite Steinheil. Prévenu, un garde républicain alla en toute hâte trouver l'abbé Renault et lui dit :

— Monsieur l'abbé ! Venez vite, le président est au plus mal !

— A-t-il encore sa connaissance ?

— Non, répondit le garde, on l'a fait sortir par-derrière.

Son rival, Georges Clemenceau, commenta son décès ironiquement :

« Il voulait être César, il est mort Pompée. »

Un jour, le représentant du lobby pétrolier rendit visite au sénateur du Texas, Lyndon Johnson, alors en campagne pour la présidentielle. Le lobbyiste promit de lui verser 10 000 dollars pour sa campagne. Le futur président s'indigna. Le lobbyiste améliora son offre et offrit 50 000 dollars. Johnson s'emporta :

« On ne parle pas à un sénateur de cette façon-là ! »

Le représentant des pétroliers renchérit :

« 100 000 dollars, si vous préférez. »

Johnson finit par mettre le lobbyiste à la porte en lui disant :

« Ne remettez plus les pieds ici, espèce de petit salaud, vous vous approchez dangereusement de mon prix ! »

« J'ai deux frères avant moi, dont on a toujours abrégé les prénoms : Arthur, surnommé Art, et Edgar, surnommé Ed. Quand je suis né, ma mère a tenu à me donner un prénom absolument impossible à abréger : Dwight. C'est pourquoi tout le monde m'a toujours appelé Ike ! »

DWIGHT EISENHOWER, 34e PRÉSIDENT DES ÉTATS-UNIS

« Ne croyez surtout pas que je fume toute la journée ! Je suis bien trop tempérant pour cela. Il s'agit en réalité de faux cigares ; ils sont creux et remplis de cognac à l'intérieur. »

WINSTON CHURCHILL

Bêtises et lapsus au sommet du pouvoir

Les chefs d'État disent-ils plus de bêtises que des citoyens lambda ? La réponse est non, à part bien sûr Trump, Bush, Berlusconi, Bolsonaro... Lorsque l'on est aussi exposé qu'eux et que tous vos propos sont analysés, scrutés et diffusés, les chances de faire une boulette ou qu'une énormité soit relevée par les médias ou les réseaux sociaux sont bien plus grandes.

« La fièvre typhoïde est une maladie terrible. Ou on en meurt, ou on reste idiot. Et je sais de quoi je parle, je l'ai eue ! »

Mac-Mahon, alors 3e président de la République française

« Nos ennemis sont innovants et ingénieux, et nous aussi. Ils n'arrêtent jamais de penser à de nouveaux moyens pour nuire à notre pays et à notre peuple, et nous aussi. »

George W. Bush

« Nous étions au bord du gouffre et nous avons fait un grand pas en avant ! »

Félix Houphouët-Boigny, alors président de la Côte d'Ivoire

Célèbre lapsus de Valéry Giscard d'Estaing :

« Une érection, ça se prépare. »

Le Premier ministre britannique, Boris Johnson, en pleine campagne pour le Brexit :

« Napoléon, Hitler, plusieurs personnes ont tenté cela (l'Union européenne) et cela s'est terminé d'une manière tragique. »

« Je connais bien le monde ouvrier ; j'en ai licencié des milliers. »

DONALD TRUMP

« Deux cents millions d'Américains seront morts de la Covid-19 au moment où j'aurai fini ce discours. »

JOE BIDEN, DURANT UN MEETING EN PENNSYLVANIE, MULTIPLIANT PAR 1 000 LE BILAN DÉJÀ TRAGIQUE.

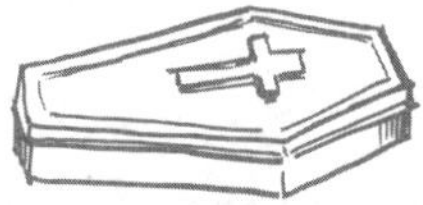

Alors que les journaux relayaient une photo de lui où il était aperçu en train de dormir en pleine assemblée, le président du Zimbabwe, Robert Mugabe, déclara à son propos :

« Le président ne dormait pas en public, il protégeait seulement ses yeux. »

Omar Bongo, l'ex-président du Gabon, interviewé sur le perron de l'Élysée après sa rencontre avec le général de Gaulle, commit un beau lapsus révélateur :

« La France a une place préoccupante… enfin… prépondérante dans l'économie gabonaise. »

Donald Trump à propos d'Internet :

« On doit faire quelque chose. On doit aller voir Bill Gates et plusieurs autres personnes qui comprennent réellement ce qu'il se passe et leur demander de fermer Internet dans certains endroits. »

Nicolas Sarkozy s'embrouilla les pinceaux lors d'un meeting à Limoges, en octobre 2016 :

« Je voudrais leur dire qu'on a reçu le coup de pied au derrière, mais que c'est pas parce que vous voulez renverser la table que vous descendez de la voiture dont vous vous abstenez de choisir le chauffeur. »

« Il n'y a pas plus terrible pour un soldat déjà anonyme que de mourir inconnu. »

FRANÇOIS HOLLANDE, LORS D'UN DISCOURS DU 11 NOVEMBRE 2014

« Les choses ne sont plus comme elles sont maintenant qu'elles ne l'étaient auparavant. »

DWIGHT EISENHOWER

« Il y a ceux qui n'attendent plus rien. Je fais en sorte de leur apporter ce qu'ils attendent. »

François Hollande

« Les arbres sont responsables de plus de pollution aérienne que les usines. »

Ronald Reagan

Armand Fallières, président sous la IIIe République, venait inaugurer un salon où étaient exposées les dernières œuvres de Rodin. Le sculpteur était alors dans sa période « tronquée » ; à chaque statue, il manquait une tête, un pied... Fallières s'approcha de l'artiste et lui dit :

« Mon pauvre Rodin, vous n'avez vraiment pas de chance : ces sacrés déménageurs ont encore massacré vos bibelots. »

François Hollande lors de la libération de l'otage Serge Lazarevic :

« Je demande aux Français de ne pas aller dans les zones à risque parce que c'est dangereux. »

« L'Holocauste fut une période épouvantable de l'histoire de notre nation. Je veux dire, dans l'histoire de ce siècle. Mais nous avons tous vécu pendant ce siècle. Je n'ai pas vécu pendant ce siècle. »

George W. Bush

En juin 2000, lors d'un sommet international, Bill Clinton eut la désagréable surprise de se voir offrir un cigare par le chancelier allemand, Gerhard Schröder. Gaffe ou provocation ? Rappelons que le cigare avait joué un rôle équivoque dans l'histoire entre Clinton et sa jeune stagiaire, Monica Lewinsky, quelques mois plus tôt.

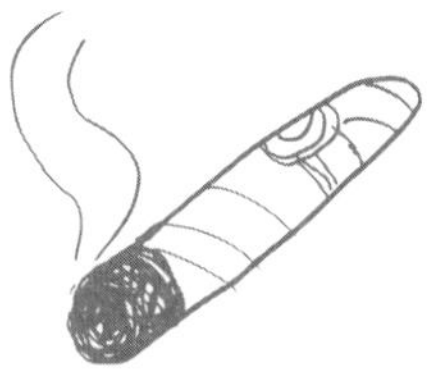

« Les gens s'attendent à ce que nous échouions : notre mission est de dépasser leur attente. »

George W. Bush

En 2014, le futur Premier ministre canadien, Justin Trudeau, fut questionné à propos de la guerre en Ukraine sur le plateau de la version québécoise de l'émission *Tout le monde en parle*. Il y soutint que la situation l'inquiétait :

« Surtout que les Russes vont être de mauvaise humeur à cause du hockey »,

plaisanta-t-il ensuite, faisant référence à l'élimination de l'équipe russe par celle de la Finlande aux Jeux olympiques de Sotchi. Il s'excusa par la suite pour cette gaffe diplomatique.

« De plus en plus, nos importations viennent de l'étranger. »

George W. Bush

« Qui fait plus que moi pour les parents d'orphelins ? »

Edgar Faure

« Je veux mettre, au service de l'injustice, plus de moyens. »

Nicolas Sarkozy

Donald Trump à propos de la vaccination anti-Covid :
« On m'a apporté la preuve que j'ai raison sur les vaccinations massives : les médecins ont menti. Sauvez vos enfants et leur futur. »

« Il y a une grande confiance autour de moi. Je le sens chaque jour quand les gens que je rencontre me disent : "Ne nous laissez pas tomber une fois de plus !" »

George W. Bush

Le 4 mars 2020, Joe Biden célébra sa victoire aux primaires démocrates. Il fit monter toute sa famille à la tribune et s'embrouilla quelque peu :

« Voici ma petite sœur, Valerie… oh non, attendez… C'est ma femme ! »

« L'idée que les États-Unis se préparent à attaquer l'Iran est tout simplement ridicule. Cela dit, toutes les options sont ouvertes. »

George W. Bush

Valéry Giscard d'Estaing à propos de la Constitution européenne :

« C'est un texte facilement lisible, limpide et assez joliment écrit : je le dis d'autant plus aisément que c'est moi qui l'ai écrit. »

« Ce n'est pas la pollution qui attaque l'environnement. Ce sont les impuretés de notre air et de notre eau qui sont responsables. »

George W. Bush

« J'ai une certaine admiration pour la Chine parce que la dictature lui permet de faire un virage économique soudain. »

Justin Trudeau,
Premier ministre canadien

« Je dirais que Poutine est un homme plus sympathique que moi. »

DONALD TRUMP

« Les troubles au Moyen-Orient engendrent des troubles dans toute cette région. »

GEORGE W. BUSH

Angela Merkel a commis, en 2013, un lapsus lors de sa conférence de presse conjointe avec François Hollande, qu'elle a confondu avec l'un de ses illustres prédécesseurs, François Mitterrand, sous le regard amusé du président français :

« Les thèmes sur lesquels nous travaillons ont été évoqués par François Mitterrand : il s'agit de stimuler la compétitivité, l'emploi, la croissance. Le chômage des jeunes, bien sûr, a une importance tout à fait capitale dans notre projet », déclara la chancelière allemande, avant de s'apercevoir de sa bévue.

« Le futur sera meilleur demain. »

George W. Bush

Le Premier ministre britannique, Neville Chamberlain, en 1938 :

« Le Führer est un homme sur qui l'on peut compter lorsqu'il a engagé sa parole. »

Fraîchement élu, George W. Bush demanda au président du Brésil :

« Vous aussi, vous avez des Noirs ? »

« Voici que s'avance l'immobilisme, et nous ne savons pas comment l'arrêter. »

Edgar Faure

«Nous avons un dicton en Iran: les chiens aboient, la caravane passe. Les gens peuvent aboyer, et ça ne nous gênera pas. Pourquoi devrait-il en être autrement?»

LE CHAH D'IRAN, QUELQUES MOIS AVANT DE SE FAIRE RENVERSER PAR LA RÉVOLUTION ISLAMIQUE

« Le concept de réchauffement climatique a été créé par et pour les Chinois pour rendre l'industrie américaine non compétitive. »

DONALD TRUMP

Leçons de politique

Nous vous proposons, à présent, une véritable master class de science politique avec, comme intervenants, excusez-nous du peu, les plus grands chefs d'État de la planète. Qui de mieux que Napoléon, Churchill, de Gaulle, Mitterrand, Clemenceau ou Kennedy et César pour vous donner conseils, ficelles et astuces pour diriger d'une main de maître un pays ?

Realpolitik, opinions, cynisme, manipulation... vous en apprendrez autant en lisant ce chapitre qu'en plusieurs semestres à Sciences Po ou à l'ENA.

« La politique, c'est comme l'andouillette : ça doit sentir un peu la merde, mais pas trop. »

Édouard Herriot

« Une commission d'enquête, pour être efficace, ne doit compter que trois membres, dont deux sont absents. »

Georges Clemenceau

Le président américain, Franklin D. Roosevelt, déclara en 1939 à propos du dictateur du Nicaragua, Anastasio Somoza :

« Somoza est peut-être un fils de pute, mais c'est notre fils de pute. »

« N'interrompez jamais un ennemi qui est en train de faire une erreur. »

NAPOLÉON Ier

« Un conciliateur, c'est quelqu'un qui nourrit un crocodile en espérant qu'il sera le dernier à être mangé. »

WINSTON CHURCHILL

« C'est toujours l'impatience de gagner qui fait perdre. »

LOUIS XIV

« Les Français aiment qu'on leur parle de changement. Vous avez vu ? Il a suffi qu'on leur présente le miroir aux alouettes du changement, et elles sont tombées toutes rôties ! »

FRANÇOIS MITTERRAND

Lorsque l'on demanda au Premier ministre britannique, David Lloyd George, comment s'étaient déroulées les négociations du traité de Versailles, où il avait dû plaider pour l'indulgence envers l'Allemagne contre les opinions du président américain, Thomas Woodrow Wilson, et de Clemenceau, Lloyd George répondit :

« Pas mal, si l'on considère que j'étais assis entre Jésus-Christ et Napoléon. »

« Qui veut la paix prépare la guerre. »

Jules César

« N'ayez pas peur du peuple, il est plus conservateur que vous. »

Napoléon III

« L'homme politique qui a besoin du secours de la religion pour gouverner n'est qu'un lâche. Or, jamais un lâche ne devrait être investi des fonctions de chef de l'État. »

Mustafa Kemal Atatürk, fondateur et premier président de la République de Turquie

« On ne conduit le peuple qu'en lui montrant un avenir, un chef est un marchand d'espérance. »

NAPOLÉON Ier

« Tout Français désire bénéficier d'un ou plusieurs privilèges. C'est sa façon d'affirmer sa passion pour l'égalité. »

CHARLES DE GAULLE

Georges Clemenceau écrivit, lors de l'armistice de 1918 :

« Nous avons gagné la guerre et non sans peine ; maintenant il va falloir gagner la paix, et ce sera peut-être plus difficile ! »

« Les promesses n'engagent que ceux qui y croient. »

Jacques Chirac

« En politique, on succède à des imbéciles et on est remplacé par des incapables. »

Georges Clemenceau

« La mort résout tous les problèmes. Pas d'hommes, pas de problèmes. »

JOSEPH STALINE

En 1661, à la mort de Mazarin, Louis XIV décida de ne pas le remplacer :

« Quand je donne une place, je fais un ingrat et 100 mécontents. »

« On peut toujours construire un trône avec des baïonnettes. Mais il est difficile de rester longtemps assis dessus. »

Boris Eltsine

Georges Pompidou donna ce conseil à Jacques Chirac qui venait d'acheter un château en Corrèze :

« Quand on a une ambition politique, on n'est pas propriétaire d'un château. Sauf s'il est dans la famille depuis Louis XV. »

« L'autorité ne va pas sans prestige, ni le prestige sans éloignement. »

CHARLES DE GAULLE

« On ne détruit réellement que ce qu'on remplace. »

Napoléon III

Lorsque l'architecte Le Corbusier présenta à Joseph Staline, en 1931, son projet ultra moderne, et à vrai dire un peu triste, pour le palais des Soviets à Moscou, le maître de l'URSS rejeta son plan d'une seule phrase :

« Le peuple aussi a droit aux colonnes corinthiennes. »

« En politique, l'absurdité n'est jamais un obstacle. »

Napoléon Ier

« La politique est l'art de concilier le désirable avec le possible. »

Aristide Briand

« Les traités, voyez-vous, sont comme les jeunes filles et les roses : ça dure ce que ça dure. »

Charles de Gaulle

« Je ne fais confiance à personne, même pas à moi. »

Joseph Staline

« Un gouvernement, c'est comme un bébé. Un tube digestif avec un gros appétit à un bout et aucun sens des responsabilités de l'autre. »

Ronald Reagan

« Une dictature ne survit pas au doute. Or, la perestroïka de Mikhaïl Gorbatchev exprimait un doute fondamental sur le système soviétique. »

François Mitterrand

« Ne suivez pas la foule, laissez la foule vous suivre. »

Margaret Thatcher

« L'art de gouverner consiste à ne pas laisser vieillir les hommes dans leur poste. »

Napoléon Ier

« Bénis soient les plus jeunes, car ils hériteront du déficit budgétaire de l'État. »

Herbert Hoover,
31e président des États-Unis

Le président américain, Franklin D. Roosevelt, à propos du général MacArthur :

« Ne sous-estimez jamais un homme qui se surestime. »

« Je suis très content que l'existence de l'Union soviétique écarte le danger d'hégémonie américaine, comme je suis content que les États-Unis soient là pour écarter le danger d'hégémonie soviétique. »

Charles de Gaulle

« Réformer ? Vous n'y pensez pas. J'ai même peur d'éternuer trop fort ! »

Leonid Brejnev

« Si on vous demande si vous êtes capable de faire un travail, répondez : "Bien sûr, je peux !" Puis débrouillez-vous pour y arriver. »

THEODORE ROOSEVELT,
26e PRÉSIDENT DES ÉTATS-UNIS

« La politique la plus coûteuse, la plus ruineuse, c'est d'être petit. »

CHARLES DE GAULLE

« En politique, il faut toujours suivre le droit chemin, parce qu'on est sûr de n'y rencontrer personne. »

Otto von Bismarck,
chancelier impérial d'Allemagne
de la fin du XIXe siècle

« Les gouvernements ont une vision très sommaire de l'économie. Si ça bouge, ajoute des taxes. Si ça bouge toujours, impose des lois. Si ça s'arrête de bouger, donne des subventions. »

Ronald Reagan

« Passer sa vie dans l'opposition est, pour un homme politique, ce que serait pour un poète se condamner à lire et à juger les vers des autres. »

Georges Pompidou

« La victoire a 100 pères, mais la défaite est orpheline. »

John Fitzgerald Kennedy

« Si vous voulez un ami à Washington, offrez-vous un chien. »

Harry Truman, 33e président des États-Unis

« Le meilleur moyen de tenir sa parole est de ne jamais la donner. »

NAPOLÉON Ier

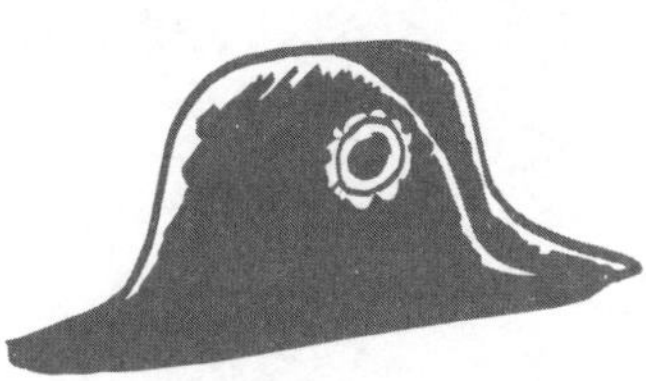

« Les États n'ont pas d'amis, ils n'ont que des intérêts. »

CHARLES DE GAULLE

« Un traître est un homme politique qui quitte son parti pour s'inscrire à un autre. Par contre, un converti est un homme politique qui quitte son parti pour s'inscrire au vôtre. »

GEORGES CLEMENCEAU

Jacques Chirac donna ce précieux conseil à un jeune ministre :

« Avec Matignon, tu es poli, mais tu t'en fous ; avec l'Élysée, tu es servile. »

« La bombe atomique est un tigre en papier dont les réactionnaires américains se servent pour effrayer les gens. Elle a l'air terrible, mais en fait, elle ne l'est pas. Alors bien sûr, la bombe atomique peut faire d'immenses massacres, mais c'est le peuple qui décide de l'issue d'une guerre et non une ou deux armes nouvelles. »

MAO TSÉ-TOUNG, EN AOÛT 1946

« Une petite rébellion de temps en temps, c'est comme un orage qui purifie l'atmosphère. »

THOMAS JEFFERSON,
3e PRÉSIDENT DES ÉTATS-UNIS

« Vous pouvez faire beaucoup plus avec des armes et de la politesse que juste de la politesse. »

VLADIMIR POUTINE

« Tout l'art de la politique est de se servir des conjectures. »

LOUIS XIV

« La diplomatie sans
les armes, c'est la musique
sans les instruments. »

OTTO VON BISMARCK

« On ne guérit pas
les plaies en les léchant
avec une langue de bois. »

VALÉRY GISCARD D'ESTAING

« Il suffit de regarder vivre les Français pour prendre conscience de leur inaptitude naturelle profonde à accepter d'être gouvernés. Voyez-les par exemple au volant de leur voiture. Chacun est prêt à utiliser sauvagement la priorité qu'il détient ou croit détenir, à considérer l'autre automobiliste comme doté de toutes les tares intellectuelles et morales et, en bonne conscience, avec la conviction permanente et viscérale de son bon droit et des torts d'autrui. »

Georges Pompidou

« Pour gouverner les Français, il faut des paroles violentes et des actes modérés. »

Léon Gambetta

« Sans le pouvoir, les idéaux ne peuvent être réalisés ; avec le pouvoir, ils survivent rarement. »

Fidel Castro

« On gouverne mieux les hommes par leurs vices que par leurs vertus. »

Napoléon Ier

« Pour les grands jours, il faut que les sermons soient courts et que les saucisses soient longues. »

Helmut Kohl

« Mieux vaut maintenir en place un adversaire docile qu'installer un ami indocile. »

François Mitterrand

« L'ensemble des États-Unis se trouve à portée de nos armes nucléaires et un bouton nucléaire est toujours sur mon bureau. C'est la réalité, pas une menace. »

KIM JONG-UN

Valéry Giscard d'Estaing justifia sa défaite en 1981 :

« Aucun roi de France n'aurait été réélu au bout de sept ans. »

« Soyez polis. Écrivez diplomatiquement. Même une déclaration de guerre doit observer les règles de la politesse. »

OTTO VON BISMARCK

Napoléon Ier à propos de la création de la Légion d'honneur :

« C'est avec des hochets qu'on mène les hommes. »

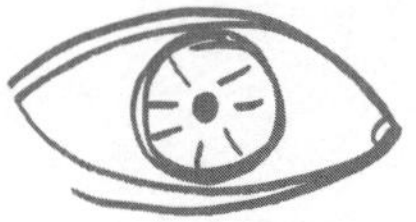

**« Je suis partout et nulle part.
Je ne vois rien et je vois tout.
Je n'écoute rien et j'entends tout.
Tel est le rôle d'un chef d'État. »**

JEAN-BEDEL BOKASSA, EX-DICTATEUR DE LA RÉPUBLIQUE CENTRAFRICAINE

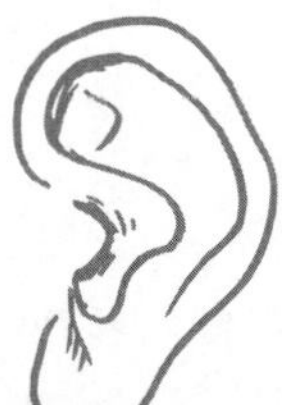

Un conseiller du président américain, Lyndon Johnson, demanda à ce dernier pourquoi il refusait de destituer le redoutable John Edgar Hoover, patron du FBI. Réponse de Johnson :

« Je préfère avoir Hoover à l'intérieur de ma tente et pissant dehors plutôt qu'Hoover à l'extérieur qui pisse dans ma tente. »

Misogynie, homophobie et autres outrances

L'arme préférée des populistes est l'outrance. Comment séduire « le peuple » lorsque l'on a peu d'idées et un programme brinquebalant ? En flattant les bas instincts et en pensant se mettre à la hauteur des électeurs avec des déclarations misogynes, racistes ou homophobes.

« Comment Hillary Clinton peut-elle satisfaire son pays si elle ne satisfait pas son mari ? »

Donald Trump

Alors que le ministre des Affaires étrangères allemand, Guido Westerwelle, ouvertement homosexuel, dénonçait le régime dictatorial en Biélorussie, Alexandre Loukachenko, président biélorusse, lui répondit avec « classe », dans un communiqué :

« Mieux vaut être dictateur que pédé. »

Idi Amin Dada, 1,98 mètre pour 126 kilos, père de 48 enfants et dictateur ougandais dans les années 70, avait eu l'audace d'inviter la reine Elizabeth II à venir lui rendre visite en Ouganda si « elle voulait rencontrer un vrai homme ».

« Je suis le Jésus-Christ politique. Je suis une victime patiente, je m'entends avec tout le monde, je me sacrifie pour tout le monde. »

Silvio Berlusconi

« Il est préférable de ne pas débattre avec une femme. »

Vladimir Poutine

« Pour une femme qui inspire quelque chose de bon, il y en a 100 qui nous font faire des sottises. »

Napoléon Ier

« Il nous a fallu cinq heures pour aller de l'hôtel à l'aéroport. J'ai demandé qui on attendait. Ils ont dit que c'était le pape, je voulais l'appeler. "Le pape, fils de pute, rentre chez toi. Ne viens plus en visite." »

RODRIGO DUTERTE, PRÉSIDENT PHILIPPIN

En 2003, Jair Bolsonaro, le futur président brésilien, fit scandale en prenant violemment à partie la parlementaire de gauche, Maria do Rosário :

« Tu ne mérites même pas qu'on te viole, tu es très laide »,

faisant références aux viols massifs pratiqués par les militaires lors de la dictature.

« On ne peut pas mettre les femmes et les hommes sur un pied d'égalité, c'est contre nature. »

Recep Tayyip Erdogan, président de la Turquie

À l'automne 1994, Boris Eltsine, le chef d'État russe rentrant à Moscou de Washington, ne se présenta pas à une visite protocolaire prévue à l'occasion de son escale en Irlande. Le Premier ministre irlandais, Albert Reynolds, dut quitter l'aéroport de Shannon sans avoir rencontré son homologue. De retour à Moscou, Eltsine expliqua qu'il avait fait la grasse matinée et qu'il fallait blâmer ses assistants pour ne pas l'avoir réveillé. Puis le vice-Premier ministre, Oleg Soskovets, affirma que le président était malade, et le chef des gardes du corps qu'il avait été victime d'une attaque cardiaque. Au final, Eltsine était tout simplement ivre mort.

Silvio Berlusconi, parlant de Barack Obama et de sa femme, déclara avec la finesse qu'on lui connaît :

« Vous ne le croirez pas, mais ils sont deux à être allés à la plage pour prendre le soleil, car même sa femme est bronzée ! »

« Si vous voulez changer le monde, faites-le maintenant quand vous êtes encore célibataire car lorsque vous serez marié, vous ne pourrez même plus changer de chaîne sur votre téléviseur. »

Robert Mugabe, président de la République du Zimbabwe durant trente ans

Nicolas Sarkozy répondit à une interview de *Valeurs actuelles*, à propos du projet de mariage et d'adoption pour les couples homosexuels :

« Tout le monde veut savoir s'il y a du cheval dans ce que l'on mange, mais la traçabilité des enfants, qu'est-ce qu'on en fait ? »

Ramzan Kadyrov, président de la Tchétchénie, répondit aux questions d'un journaliste canadien à propos du sort des homosexuels dans son pays :

« Nous n'avons pas ce genre de personnes ici. Nous n'avons pas de gays. S'il y en a, emmenez-les au Canada. »

« J'ai mangé de la chair humaine. C'est très salé. Plus salé encore que la viande de léopard. »

IDI AMIN DADA, DICTATEUR OUGANDAIS
DANS LES ANNÉES 70

« Si vous êtes prêt à devenir le plus radical des islamistes, et que vous êtes prêt à vous faire circoncire, je vous invite à Moscou. Je recommanderai qu'on fasse l'opération de telle manière que plus rien ne repousse. »

VLADIMIR POUTINE

Silvio Berlusconi faisant visiter la salle de bains de sa villa à Jacques Chirac:

« Tu as vu ce bidet ? Tu ne t'imagines pas le nombre de paires de fesses qu'il a accueillies. »

Alexandre Loukachenko, le président de la Biélorussie, sait, lui, comment soigner la Covid:

« Je ne bois pas d'alcool, mais je sais qu'il ne faut pas seulement se laver les mains avec de la vodka. Vous devez en boire 100 millilitres par jour pour vous laver l'intérieur. Mais, attention, pas lorsque vous êtes au travail. »

Ou encore:

« Plutôt mourir debout que de vivre à genoux. Rien ne peut m'empêcher de jouer au hockey. Il n'y a pas de virus ici. Pour éviter d'attraper le virus, buvez de la vodka, allez au sauna et travaillez dur. »

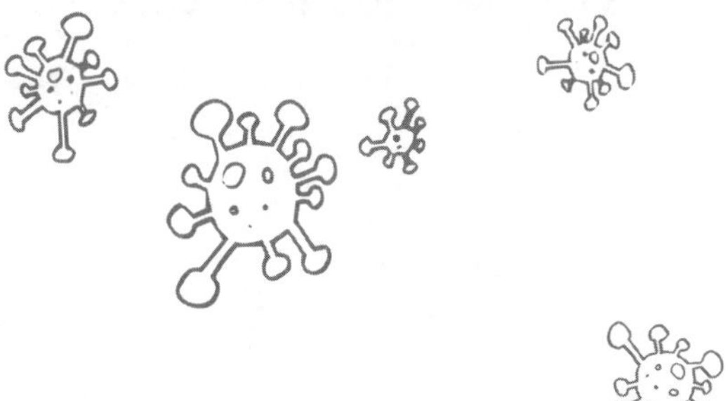

« C'est dur d'ensorceler une fille africaine de nos jours. Chaque fois que tu apportes un bout de ses cheveux au sorcier, c'est une Brésilienne innocente qui devient folle, ou alors une usine en Chine qui prend feu. »

Robert Mugabe,
ex-président du Zimbabwe

« Savez-vous pourquoi Mme Bresso (femme politique italienne) est toujours de mauvaise humeur ? Parce que le matin, quand elle se lève et se regarde dans le miroir pour se maquiller, elle se voit. Et comme ça, sa journée est déjà gâchée. »

Silvio Berlusconi

« Ces gens d'Afrique de l'Est me choquent avec leur sorcellerie du vol. Parfois, je me dis que tous les Kényans ont le vol dans le sang. Dieu n'aurait jamais dû créer ces voleurs (kényans) en Afrique. On pourrait même en venir à penser qu'il y aurait une filière dans leurs universités appelée "licence de vol". »

ROBERT MUGABE,
EX-PRÉSIDENT DU ZIMBABWE

Lors d'une interview donnée au magazine *Playboy*, Jair Bolsonaro, président du Brésil, déclara que

« s'il avait un fils homosexuel, il préférerait le perdre dans un accident de la route car il se sentirait incapable de l'aimer ».

« Si un homme est autorisé à sélectionner une fille parmi 100, même si c'est la plus belle qu'il choisit, il aura encore mal dans son cœur pour avoir perdu les 99 autres. Vraiment, le cœur d'un garçon, c'est comme la mosquée, il y a de la place pour tout le monde. »

ROBERT MUGABE, EX-PRÉSIDENT DU ZIMBABWE

Lors d'un événement en l'honneur des femmes servant dans l'armée et la police, l'actuel président philippin, Roberto Duterte, déclara devant une assemblée entièrement féminine :

« Les femmes sont des salopes et des folles. Je vous aime quand même, la preuve, j'ai deux épouses. »

« Toutes les femmes sont éperdument amoureuses de moi, c'est mon délice de les posséder dans l'embrasure d'une porte ou sur une marche d'escalier. »

Benito Mussolini

« Les temps changent. Autrefois, c'était l'homme qui décidait. Il donnait la vie, la femme était comme un Frigidaire. Enfin, un Frigidaire chaud ! Dont l'homme tirait la poignée ! »

Georges Pompidou

« Hitler avait un seul objectif : la justice pour son peuple, la souveraineté pour son peuple, la reconnaissance de l'indépendance de son peuple et des droits sur ses ressources. Si cela c'est Hitler, laissez-moi être le décuple de Hitler. »

Robert Mugabe,
ex-président du Zimbabwe

« Ce sera l'exil ou la prison pour les gauchistes. »

Jair Bolsonaro, président du Brésil

Le successeur de John Fitzgerald Kennedy, Lyndon Johnson, avait un sujet de conversation favori : son sexe, dont il était particulièrement fier. Il lui avait même trouvé un joli surnom, « Jumbo ». On sait ainsi que dans les toilettes du Congrès, Johnson forçait les députés à l'admirer :

« Vous avez déjà vu quelque chose d'aussi gros ? »

En prime, il faisait tournoyer Jumbo sous leurs yeux gênés. Les journalistes ont, eux aussi, été choqués car Johnson aimait uriner en plein air devant eux. Un jour, il exigea que soit construite une nouvelle douche, avec un jet au niveau de l'entrejambe. Face aux réticences, il osa évoquer la guerre du Vietnam :

« Si je peux bouger 10 000 soldats dans une journée, vous pouvez certainement arranger cette douche comme je demande ! »

Silvio Berlusconi à propos du couple Emmanuel et Brigitte Macron :

« Nous avons là un jeune homme de 39 ans, avec de belles expériences professionnelles derrière lui et surtout avec une jolie maman qui l'a soutenu depuis qu'il était enfant. »

Robert Mugabe, l'ancien homme fort du Zimbabwe, s'adressa ainsi à la jeunesse de son pays :

« Quand vous faites l'amour avec une femme d'une autre nationalité, faites-le très bien car c'est toute la nation que vous représentez. »

« Une jolie fille m'a demandé ce qu'elle devait faire. J'ai vu qu'elle était très belle, alors je lui ai suggéré de se trouver un petit ami riche. »

Silvio Berlusconi

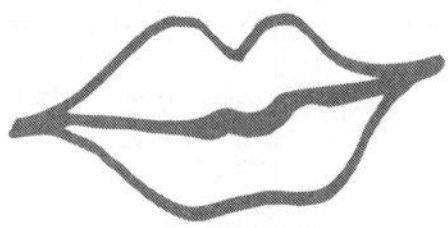

« Le seul moment de sa vie où une femme souhaite avoir un an de plus, c'est quand elle est enceinte. »

Tony Blair

Le président philippin, Roberto Duterte, lors d'un discours le 15 janvier 2021 :

« Ma fille n'est pas candidate à ma succession, la présidence n'est pas faite pour les femmes. Les hommes et les femmes gèrent différemment leurs émotions. »

Jair Bolsonaro, président du Brésil, interviewé sur Radio Jovem Pan :

« L'erreur de la dictature a été de torturer sans tuer. »

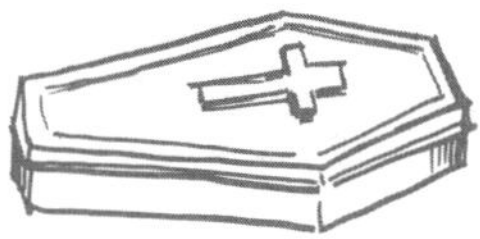

La relation de l'ex-dictateur libyen, Mouammar Kadhafi, avec les femmes passait souvent du bizarre au sinistre. Il avait fait construire un repaire sous-terrain sous la plus grande université de Tripoli avec un lit, un jacuzzi et une salle d'opération équipée de matériel de gynécologie.

« Cette femme que tu trouves plus belle que ta propre femme a été embellie par l'argent d'un autre homme, alors contente toi d'embellir ta femme. »

ROBERT MUGABE,
L'ANCIEN HOMME FORT DU ZIMBABWE

Le président philippin, Rodrigo Duterte, déclara vouloir envoyer les policiers corrompus combattre dans le sud de l'archipel, où sévissait une rébellion islamiste ; et qu'ils seraient limogés s'ils n'acceptaient pas cette mission. S'exprimant devant 400 policiers, tous visés par des enquêtes, Rodrigo Duterte les qualifia « d'imbéciles, d'idiots et de fils de pute » et les menaça même de les faire passer devant un peloton d'exécution :

« Je vais vous envoyer à Basilan, y vivre deux ans. Si vous survivez, vous pourrez rentrer. Si vous y mourez, je dirai à la police de ne pas dépenser un sou pour vous ramener et de vous enterrer sur place. »

Silvio Berlusconi, pour convaincre les financiers de Wall Street d'investir en Italie :

« Une raison d'investir en Italie est que nous avons de magnifiques secrétaires… des filles superbes ! »

« J'ai cinq fils. Quatre sont des hommes et, pour le dernier, je me suis planté et une femme a vu le jour. »

Jair Bolsonaro, président du Brésil

« Si le président Obama veut que j'autorise le mariage pour les personnes du même sexe dans mon pays, il faut qu'il vienne ici que je l'épouse d'abord. »

Robert Mugabe,
ex-président du Zimbabwe

La démocratie ? Non, merci !

À un journaliste qui lui demandait: « Quand comptez-vous dire au revoir à votre peuple ? » Robert Mugabe, l'ex-président du Zimbabwe, répondit : « Au revoir ? Où ils vont ? »

Cette anecdote résume parfaitement l'état d'esprit de certains chefs d'État qui, on ne peut pas leur donner tort, pensent que le meilleur moyen de gagner des élections est de ne pas en organiser ou alors, de savoir les truquer sans que cela ne se voie trop pour ne pas se fâcher avec la communauté internationale.

Yoweri Museveni, président de l'Ouganda, à propos des élections dans son pays :

« Certaines personnes pensent qu'être au gouvernement pendant longtemps est une mauvaise chose, mais c'est faux, plus vous restez plus vous apprenez. Je suis devenu expert en gouvernance. »

Et Dieu sait qu'il doit être devenu un vrai expert, il est à la tête de son pays depuis le 26 janvier 1986. Un record !

« Bien sûr, je suis un pur et absolu démocrate [...]. Depuis la mort du Mahatma Gandhi, je n'ai plus personne à qui parler. »

Vladimir Poutine

« Je ne lis jamais les journaux français, ils n'impriment que ce que je veux. »

Napoléon III

« Nous n'avons pas besoin d'opposition. Nous pratiquons la juxtaposition. »

Mobutu Sese Seko, ex-président de la République du Zaïre

Kim Jong-un, le leader nord-coréen, répondit aux incessantes attaques de Donald Trump contre son régime dans un communiqué officiel :

« Je garde en permanence le bouton nucléaire en évidence sur mon bureau, je disciplinerai par le feu le vieillard américain mentalement dérangé. »

Tout en dirigeant l'Irak d'une main de fer, Saddam Hussein écrivit quatre romans et plusieurs recueils de poésies. Ses œuvres portaient sur l'héroïsme du peuple irakien face aux méchantes puissances occidentales, le tout caché derrière des histoires de princes et princesses. Ces livres furent un gros succès en Irak, avec plus d'un million d'exemplaires vendus et une adaptation en série télévisée. Il faut dire que l'achat de ses livres était plus ou moins obligatoire pour tout membre du parti Baas et que la télévision lui appartenait, ce qui facilitait grandement les choses.

« Le multipartisme est une multicochonnerie. »

FIDEL CASTRO

« Ce qui est à nous est à nous, ce qui est à vous est négociable. »

NIKITA KHROUCHTCHEV

« Dès mon arrivée, j'étais partisan du multipartisme. Mais si vous décidez de le faire seul, un jour on vous accuse d'être un dictateur. »

GNASSINGBÉ EYADÉMA, EX-PRÉSIDENT DE LA RÉPUBLIQUE TOGOLAISE

« Le peuple n'a pas besoin de liberté, car la liberté est une forme de la dictature bourgeoise. »

Vladimir Ilitch Lénine

Hassanal Bolkiah, le richissime sultan de Brunei décida, en 2014, de purement et simplement interdire Noël dans son pays. Cinq ans de prison et 20000 dollars d'amende. Voilà ce qu'encourent les habitants du minuscule État, situé sur l'île de Bornéo, s'ils bravent l'interdiction de fêter Noël. Ça fait cher le cadeau !

« Dans le monde, il n'y a pas de pays démocratique. À part la Libye. »

Mouammar Kadhafi

« Les condamnations de l'ONU, j'en ai plein ma bibliothèque. »

Augusto Pinochet,
ex-président du Chili

Sous le règne du président turkmène Saparmourat Niazov, de 1991 à 2006, un habitant sur trois passa par la case prison.

Teodoro Obiang Nguema Mbasogo est président de la République de Guinée équatoriale depuis 1979. Le pays a découvert de gigantesques réserves de pétrole en 1995, qui ont apporté des milliards de dollars à l'État, mais le problème est que les revenus issus de l'or noir vont directement dans les poches du président Obiang, qui a déclaré qu'il n'y avait pas de pauvreté en Guinée. Et ce, même si 60 % des habitants du pays gagnent moins de 1 dollar par jour. Selon le magazine *Forbes*, Obiang est l'un des chefs d'État les plus riches du monde, avec une fortune estimée à 600 millions de dollars. Quand on lui demande pourquoi il garde tout l'argent du pays, il explique que « c'est pour éviter la corruption par les membres du gouvernement ». Pas bête !

« Si nous étions en dictature, les choses seraient plus simples - du moment que ce serait moi le dictateur. »

George W. Bush

« Les gens m'adorent, je n'y peux rien. Il y a peu, les représentants de la ville de Ganja ont décidé d'ériger une statue à mon effigie devant la mairie. Je les ai appelés pour leur dire que ce n'était pas nécessaire. Ils ont insisté, mais je leur ai dit: "Installez cette statue après ma mort!" »

Heydar Aliyev,
ex-dictateur d'Azerbaïdjan

« Mon peuple m'adore. Il mourrait pour me protéger. »

Mouammar Kadhafi

Bill Clinton, agacé par le dictateur zaïrois Mobutu :

« Quand j'étais étudiant, il était président ; quand j'étais gouverneur, il était encore président ; aujourd'hui, je suis président, et il est toujours président ! »

« Je suis dictateur parce que, dans ce foutu pays, je n'ai pas moyen d'être autre chose. »

François Duvalier, alias « Papa Doc »,
ex-dictateur haïtien

« Qu'est-ce que je ferais si je n'étais plus président ? Je ne vois pas comment je pourrais vivre autrement. »

Alberto Fujimori,
ex-président du Pérou

« Comment pourrais-je quitter une bananeraie que j'ai plantée et qui commence à donner des fruits ? »

Yoweri Museveni, président de l'Ouganda
depuis… 1986 qui, effectivement,
n'a aucune envie de céder sa place

Toute sa vie, Fidel Castro a répété qu'il ne possédait aucun patrimoine personnel, hormis une modeste « cabane de pêcheur » sur la côte. En réalité, la modeste « cabane de pêcheur » en question était une villégiature de luxe qui mobilisait des moyens logistiques considérables pour sa surveillance et son entretien. Cette île privée, à 15 kilomètres au sud de la baie des Cochons, dans un site paradisiaque, est entourée de fonds marins prodigieux.

« Chez nous, il n'y a pas de parti d'opposition parce que nous pensons qu'une opposition pourrait troubler les rapports affectueux qui unissent le gouvernement au peuple. »

LEONID BREJNEV

« Les gens nous enseignent toujours la démocratie, mais les gens qui nous enseignent la démocratie ne veulent pas l'apprendre eux-mêmes. »

Vladimir Poutine

Interrogé sur les droits de l'homme dans son pays, le président ougandais Idi Amin Dada déclara :

« La liberté d'expression est garantie ici, mais je ne peux pas garantir la liberté d'après l'expression. »

« Parfois, la démocratie doit être baignée dans le sang. »

Augusto Pinochet

Yahya Jammeh, le président de la Gambie, lors de l'élection présidentielle de 2016, déclara :

« Je développerai les régions qui auront voté pour moi, celles qui ne voteront pas pour moi, n'attendez rien. »

Mauvaise méthode, il perdit l'élection et s'exila en Guinée équatoriale.

« Ce qui compte, ce ne sont pas les votes, c'est la façon dont on compte les votes. »

Joseph Staline

« Le modèle cubain ne marche même plus pour nous. »

Fidel Castro

En 2009, pour une exposition célébrant le 130e anniversaire de la naissance de Joseph Staline, sortirent une vingtaine de dessins possédant la signature « J. Staline ». La plupart des œuvres représentaient des hommes nus et l'on pouvait lire, sur chacun des dessins, des petites notes inscrites à la main contre telle ou telle personne, comme celle-ci :

« Ce salaud rouquin de Radek, s'il n'avait pas pissé face au vent, s'il ne s'était pas mis en colère, il serait en vie. »

Ce commentaire faisait apparemment allusion à Karl Radek, ancien chef du Komintern, l'organisation communiste internationale créée par les bolcheviks, qui fut probablement assassiné par la police secrète de Staline en 1939. Charmant !

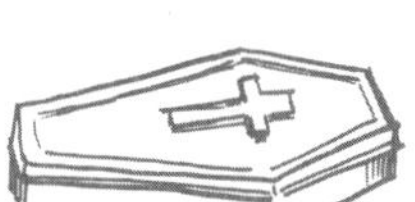

Tuilaepa Sailele Malielegaoi, Premier ministre des Samoa depuis vingt-deux ans, n'entend pas quitter le pouvoir de sitôt. Cet économiste de formation, âgé de 76 ans, a été battu par le parti de sa rivale et ancienne alliée, Fiame Naomi Mata'afa, lors des élections générales du 9 avril 2021, qui peut donc briguer le poste de Premier ministre... mais le chef du gouvernement ne l'entend pas de cette oreille. Début mai, il a affirmé qu'il n'était pas un simple mortel :

« Je suis désigné par Dieu [...]. S'ils veulent que je démissionne, qu'ils aillent prier dans une église au lieu de manifester devant le palais de justice. »

La folie du pouvoir

Le pouvoir rend-il fou ? Ou faut-il être fou pour vouloir avoir du pouvoir sur des millions de ses concitoyens ? C'est la question de l'œuf et de la poule. Mais la folie et la mégalomanie, dans les plus hautes sphères du pouvoir, sont des faits établis. Pour preuve, ces quelques exemples de chefs d'État et de dictateurs totalement hors-sol.

Alors qu'en 1977 le dictateur Jean-Bedel Bokassa visitait le Grand Trianon de Versailles, il se tourna vers le conservateur et lui dit :

« J'achète tous les meubles ! »

Il fallut toute la diplomatie du monde au conservateur pour faire comprendre à l'empereur centrafricain qu'il ne pouvait pas acheter un trésor national français.

En 67, l'empereur romain Néron participa à une course de chars lors des Jeux olympiques. Il ne termina pas la course car il fut éjecté de son char dans un virage, mais il fut tout de même déclaré vainqueur au motif « qu'il aurait gagné s'il n'avait pas été éjecté ».

François Duvalier, le dictateur d'Haïti, brouillé avec les évêques catholiques de l'île, déclara le vaudou religion officielle du pays, dans les années 60. Il prétendait d'ailleurs être à l'origine de l'assassinat de John Fitzgerald Kennedy parce qu'il lui avait jeté un sort.

« Parfois, j'ai l'impression de faire l'amour avec la révolution. »

Fidel Castro

« Je suis le drapeau haïtien, un et indivisible. Je suis un être immatériel. »

François Duvalier, alias « Papa Doc », ex-dictateur sanguinaire d'Haïti

Selon la radio officielle de la Guinée équatoriale, le président Obiang est en contact permanent avec Dieu. Il peut donc « commettre des meurtres sans avoir à rendre des comptes à qui que ce soit et sans aller en enfer ». Avouez que c'est pratique, non ?

« Je suis le doigt qui sait tout. »

Nicolae Ceausescu

Kim Jong-il, qui était fan du film de Clint Eastwood, *Dans la ligne de mire*, dans lequel l'acteur incarnait un garde du corps des services secrets, demanda, pour ses obsèques, un cortège présidentiel à l'américaine, avec des gardes courant autour de la voiture, comme dans le long-métrage.

En octobre 2016, le très autoritaire président philippin, Rodrigo Duterte, promit de ne plus dire de gros mots, expliquant que Dieu lui avait parlé pendant un voyage en avion :

« Je regardais le ciel en arrivant ici [...]. Tout le monde dormait, ronflait, mais une voix m'a dit : "Tu sais, si tu n'arrêtes pas de jurer, je vais faire s'écraser cet avion." Je me suis dit : "Qui est-ce ?" Mais, bien sûr, c'est Dieu. OK, j'ai donc promis à Dieu de ne plus parler de manière familière, de dire de mots vulgaires et toutes ces choses. »

Le 30e président des États-Unis, Calvin Coolidge, aimait rendre fous ses gardes du corps en se cachant d'eux et en les laissant le chercher partout. Un jour, après avoir déclenché l'alerte à la Maison-Blanche, il s'était, comme un enfant, caché sous son bureau !

« Ce sont les musulmans qui ont découvert l'Amérique. »

RECEP TAYYIP ERDOGAN,
PRÉSIDENT TURC

Le jour où le dictateur turkmène, Saparmourat Niazov, arrêta de fumer, il interdit tout simplement le tabac dans son pays. Rien de tel pour ne plus être tenté de reprendre la cigarette.

En 2018, Gurbanguly Berdimuhamedow, le président mégalomane du Turkménistan, ordonna la saisie de toutes les voitures noires de la capitale. Il considérait que seule la couleur blanche pouvait apporter « la chance ». La police saisit des milliers de véhicules de couleur foncée à Achgabat. Leurs propriétaires durent, pour pouvoir les récupérer, les faire repeindre en argenté ou en blanc.

Dans les années 20, lors d'une partie de pêche, le président des États-Unis, Calvin Coolidge, essaya sadiquement de planter son hameçon dans la main de l'un de ses gardes du corps. Une autre fois, il omit de prêter secours à sa femme, qui s'était blessée toute seule avec l'embout de sa canne. Il se contenta de la regarder fixement. Mais la scène la plus surréaliste de sa présidence se déroula un soir alors qu'il dînait à la Maison-Blanche avec Herbert Hoover, son secrétaire d'État au Commerce et futur successeur à la présidence. Soudain, Coolidge désigna le portrait de son prédécesseur, John Q. Adams : « Vous ne trouvez pas que la lumière est trop vive sur la tête de M. Adams ? » Le chef de l'État décida alors de retoucher la toile : il prit un escabeau et noircit le tableau avec de la cendre.

Yahya Jammeh, président de la République de Gambie, décida en mars 2014, sans demander l'avis de personne, de changer la langue officielle du pays de l'anglais pour l'arabe. Ce dictateur est également connu pour s'être autoproclamé grand marabout de Gambie. Selon ses dires, il pouvait soigner, grâce à des herbes, le sida. Son remède, composé d'une pâte faite à base de plantes, d'un liquide jaune amer et de bananes, garantissait des effets pratiquement immédiats. Lorsqu'une envoyée des Nations unies émit quelques doutes sur l'efficacité du traitement, elle fut éjectée du pays.

Le tyran ougandais, Idi Amin Dada, aurait jeté durant son règne, de 1971 à 1979, 11 de ses ministres aux crocodiles.

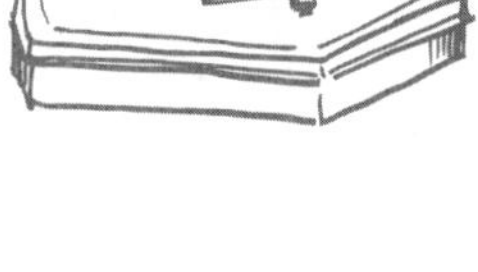

Alors qu'un journaliste de *L'Aurore* interrogeait François Duvalier, dictateur haïtien adepte du vaudou, à propos d'un opposant porté disparu, il répondit le plus naturellement du monde :

« Pour l'empêcher de nuire, je l'ai métamorphosé en coq, vous le trouverez dans la basse-cour de mon palais. »

Ramzan Kadyrov, le président tchéchène, limita les divorces dans son pays. Des milliers de couples séparés furent réunis de force, dans le cadre d'un programme de « réconciliation familiale », le but étant d'éviter que des enfants issus de familles divorcées ne deviennent, comme chacun le sait, des terroristes extrémistes.

En 2011, à la chute de Mouammar Kadhafi, les rebelles découvrirent dans son repère secret que le colonel s'adonnait au plaisir du scrapbooking. Il avait couvert tout un album de photos soigneusement découpées de la cheffe de la diplomatie américaine de 2005 à 2009, Condoleezza Rice. Cet amour unilatéral était déjà connu de ses proches :

« Je soutiens ma chère femme noire africaine »,

avait-il déjà déclaré.

« J'admire et je suis très fier de la façon dont elle [...] donne des ordres aux dirigeants arabes... Leezza, Leezza, Leezza... Je l'aime vraiment beaucoup. Je l'admire et je suis fier d'elle, parce que c'est une femme noire d'origine africaine. »

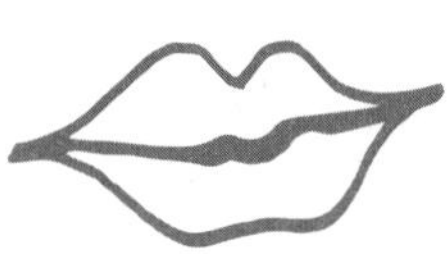

En cinquante ans de pouvoir, Kim Il-sung collectionna les qualificatifs à sa propre gloire : Grand Leader suprême, Lumière qui guide le peuple, Soleil rouge des peuples opprimés, Génie de la création, Héros invisible, Papa maréchal, Phare de la Corée, Grand Soleil de la nation et Étoile polaire de l'humanité.

En République dominicaine, sous le règne du sanguinaire dictateur Rafael Trujillo, on pouvait lire sur le fronton des hôpitaux : « Seul, Trujillo me guérira ! », ce qui n'était pas très rassurant !

Un jour que son ministre des Finances se plaignait à lui du manque d'argent dans les coffres de la banque nationale du pays, le dictateur ougandais Idi Amin Dada lui répondit, en colère :

« Tu n'as qu'à imprimer plus de billets ! »

Ce qui en disait long sur sa connaissance de l'économie.

« Celui qui lira mon livre sera intelligent, comprendra la nature, les lois et les valeurs humaines. »

Saparmourat Niazov, ex-dictateur du Turkménistan et expert en marketing littéraire

Au milieu des années 80, ce furent près de 20 000 ouvriers et 400 architectes qui œuvrèrent à la construction du palais de Ceausescu, en plein cœur de Bucarest. Ce bâtiment de 1 100 pièces était le deuxième plus grand bâtiment au monde après le Pentagone. Après la chute du régime Ceausescu, le bâtiment continua à faire parler de lui. Le milliardaire américain et pas encore président, Donald Trump, voulut même le transformer en casino, mais dut y renoncer faute d'avoir réussi à l'acheter. À propos de ce palais, Ceausescu déclara :

« Non, nous n'avons pas de palais. Les palais appartiennent au peuple. »

Theodore Roosevelt, le 26e président américain, avait une santé mentale plus que fragile. À la Maison-Blanche, il défia un jour un soldat et se prit un coup qui handicapa durablement sa vision. Il déclara peu après :

« Heureusement que c'était l'œil gauche, si c'était le droit je ne pourrais plus tirer. »

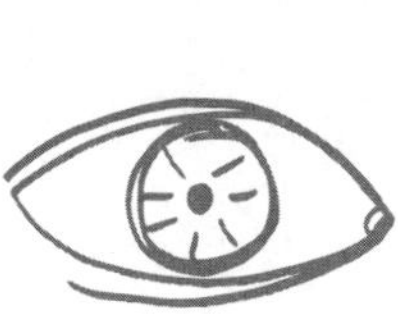

Le 4 décembre 1977, Jean-Bedel Bokassa se fit couronner empereur de Centrafrique lors d'une cérémonie fastueuse, dans le même costume que Napoléon Ier, son idole de toujours. Son titre devint :

« Empereur de Centrafrique par la volonté du peuple centrafricain uni au sein du parti politique national. »

La couronne en or était composée de plus de 7 000 carats de diamants. Le moment fort de la cérémonie fut la parade du nouvel « empereur de Centrafrique par la volonté du... » dans les rues de la capitale, Bangui, à bord d'un carrosse fait de bronze et d'or, tiré par des chevaux venus directement du haras national du Pin, en Normandie. Coût total de cette farce mégalomaniaque : 16 millions de dollars, soit 10 % du PIB du pays.

Le dictateur de la République dominicaine, Rafael Trujillo, nomma colonel son fils, alors que celui-ci n'avait que... 4 ans.

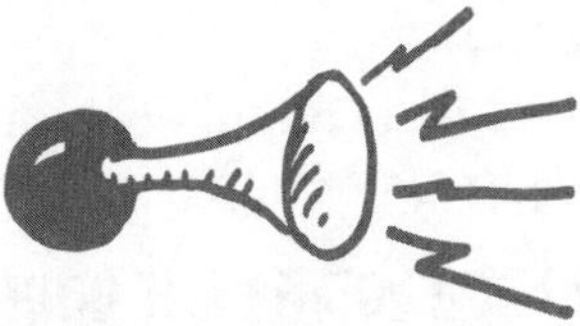

En 1974, le chef de la junte birmane décida de changer, du jour au lendemain, le sens de circulation routier sur les conseils de son astrologue. Et ce, sans se soucier le moins du monde de la sécurité des automobilistes qui durent rouler à droite avec des voitures ayant, elles aussi, le volant... à droite.

Le dictateur de la République dominicaine, Rafael Trujillo, interrogé par son biographe :

— À quel âge votre goût pour le pouvoir s'est-il manifesté ?
— Depuis que j'ai commencé à penser, lorsque j'étais enfant.
— Et quand avez-vous définitivement décidé de le conquérir ?
— Le jour même où j'ai commencé à y penser.

C'est ce qu'on appelle une vocation précoce !

Saparmourat Niazov fut le dictateur du Turkménistan de 1990 jusqu'à sa mort en 2006. Mégalomane, il imposa un culte de la personnalité à tous les niveaux, même les plus insolites. Ainsi, il décida de renommer les mois de l'année et les jours de la semaine en utilisant les noms de héros nationaux, de lui-même ou de ses proches. C'est ainsi que le mois d'avril fut remplacé par le nom de sa mère : Gurbansoltan Eje.

« Aucun gouvernement dans le monde ne tue sa population, à moins d'être dirigé par un fou. Je suis président, je ne suis pas propriétaire du pays. »

C'est ce que déclara Bachar el-Assad, le président syrien en 2011, avant de massacrer une partie de sa population dans la guerre civile qui suivit.

« On ne court jamais aussi vite qu'une balle de fusil. »

Idi Amin Dada,
DICTATEUR OUGANDAIS DANS LES ANNÉES 70

Le culte de la personnalité de Rafael Trujillo est célèbre dans toute l'Amérique du Sud. Sous son règne, qui dura dix ans à la tête de la République dominicaine, la devise du pays devint « Dieu et Trujillo » et il n'hésita pas à débaptiser la capitale Saint-Domingue pour la rebaptiser « Ciudad Trujillo ».

Selon la doctrine officielle nord-coréenne, le « Grand Leader » Kim Il-sung écrivit plus de 1 000 documents théoriques dont la somme est réunie en 35 gros volumes. « L'œuvre » de Kim Il-sung représente 90 % des livres disponibles dans les librairies et bibliothèques nord-coréennes.

« Le culte de la personnalité n'existe pas ici, ni la déification des leaders. Quand quelqu'un met ma photo, c'est qu'il a voulu le faire spontanément et qu'il a choisi n'importe laquelle. »

FIDEL CASTRO

Vacheries de chefs d'État

Personne n'arrive au sommet de l'État sans se faire un bon nombre d'ennemis, de rivaux et de jaloux. La politique et le pouvoir ne sont pas un long fleuve tranquille, non. Si nous devions trouver une analogie cinématographique à la vie politique, nous serions plus proche des *Tontons flingueurs* que d'un biopic sirupeux à l'américaine. Dans ce chapitre, tout comme dans le film d'Audiard, vous le découvrirez, entre chefs d'État, même en temps de paix, ça flingue à tout va.

Jean Jaurès à propos d'Aristide Briand :
« Il est d'une ignorance encyclopédique. »

Un poilu très remonté dit à Clemenceau :
— Monsieur Clemenceau, je veux zigouiller le gouvernement et la Chambre.
— Mon ami, répondit Clemenceau, vous oubliez le Sénat, ce n'est pas poli.

Le général de Gaulle à propos de l'ancien président américain, Richard Nixon :
« Il regarde toujours derrière lui. Voilà un homme que l'on n'abattra pas d'une balle dans le dos. »

« Ronald Reagan ne se teint pas les cheveux, il est juste prématurément orange. »

SELON GERALD FORD, SON PRÉDÉCESSEUR

François Hollande, en 2011, à propos de Jean-Luc Mélenchon :

« Ce qui est terrible, c'est qu'il a été socialiste toute sa vie et que toute sa vie, ça va le suivre. »

Alors qu'il venait d'expulser l'ambassadeur américain du Venezuela en septembre 2008, Hugo Chávez donna un discours pour fêter ça. Devant des partisans gonflés à bloc, il lança au peuple américain :

« Ici, il y a un peuple digne ! Allez tous au diable ! Yankees de merde ! »

« Un socialiste est un homme qui ne fait aucune différence entre une canne et une ombrelle parce que toutes les deux tiennent dans un porte-parapluie. »

David Lloyd George, Premier ministre du Royaume-Uni entre 1916 et 1922

« Je ne peux reconnaître ni l'État palestinien ni l'État israélien. Les Palestiniens sont des idiots et les Israéliens sont des idiots. »

Mouammar Kadhafi

Après que le président Chirac eut critiqué les droits de l'homme en Guinée, le président guinéen, Lansana Conté, lui répondit vertement :

« Ce n'est pas en Guinée seulement qu'on met en prison. Tous les jours, vous (Chirac) êtes en train de mettre en examen, en France, là-bas, tout le monde, tous les fautifs. On entend : "Tel ministre est mis en examen, tel député est mis en examen." Tout le monde est mis en examen. »

« Donnez-moi 30 trous du cul et je vous fais une Académie française. »

Georges Clemenceau

« Entre la monarchie constitutionnelle espagnole et la Ve République française, laquelle je préfère ? Ma réponse est que je choisis la monarchie espagnole. »

JOSÉ LUIS RODRIGUEZ ZAPATERO,
PREMIER MINISTRE ESPAGNOL ENTRE 2004 ET 2011

En mars 2011, sur Fox News, le président Donald Trump se vanta d'avoir arnaqué Mouammar Kadhafi plusieurs années auparavant :

« Je lui ai loué une partie d'un terrain. Il m'a payé plus pour une nuit que ce que valait le terrain pour deux ans. Je ne veux pas utiliser le mot "niquer", mais je l'ai niqué. »

« Quand l'Europe ouvre la bouche, c'est pour bâiller. »

FRANÇOIS MITTERRAND

Benjamin Disraeli, Premier ministre britannique de la fin du XXIe, à propos de William Gladstone, son rival de toujours :

« Il est honnête, au sens le plus odieux du terme. »

Ou encore, un jour où on lui demandait la différence entre un malheur et un désastre :

« Eh bien, que Gladstone tombe dans la Tamise, c'est un malheur. Que quelqu'un le repêche, c'est un désastre. »

François Hollande à propos de son prédécesseur, Nicolas Sarkozy :

« Il a gouverné pendant cinq ans, il connaît les erreurs à éviter. La preuve, il les a toutes commises. »

Nicolas Sarkozy à propos des photos de François Hollande, en vacances, sur la plage, au pied du fort de Brégançon :

« C'est les Bidochon en vacances. »

Harold Macmillan, Premier ministre britannique dans les années 60, avait baptisé sa voiture du nom de son successeur, « Mrs Thatcher ». Quand on lui demandait pourquoi, il expliquait :

« Cette voiture lance un avertissement sonore si vous n'attachez pas votre ceinture, et une lumière clignote si vous ne fermez pas correctement la porte. C'est une maniaque des rappels à l'ordre. »

Harry Truman à propos de son successeur à la Maison-Blanche, le général Eisenhower :

« Il va être assis ici, et il dira "faites ci, faites ça !" Et rien ne se passera. Pauvre Ike, il va regretter l'armée. »

François Hollande à propos de Nicolas Sarkozy, alors président :

« On nous dit que c'est un président bling-bling. C'est possible. Mais c'est surtout un président zigzag, incapable de tenir un cap. »

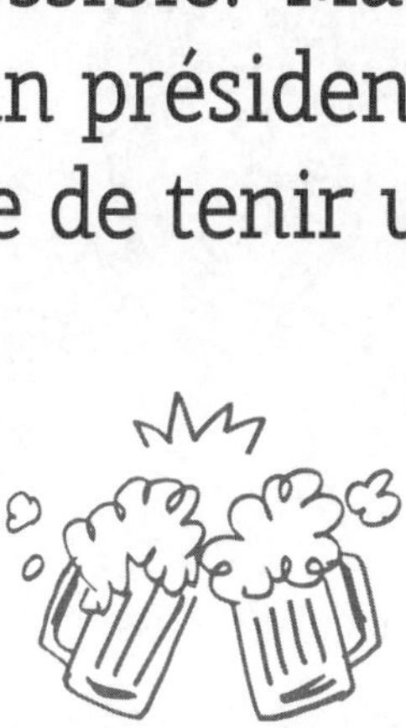

Le président Raymond Poincaré à propos de George Clemenceau :

« Clemenceau met des gants même pour se laver les mains. »

Otto von Bismarck, le chancelier impérial allemand, à propos de Napoléon III :

« C'est une grande incapacité méconnue. »

Bill Clinton au sujet d'un représentant républicain :

« Je ne lui pisserais même pas dans l'oreille si son cerveau prenait feu. »

« Quand Chirac vient me voir à l'Élysée, il monte avec ses idées et redescend avec les miennes. »

FRANÇOIS MITTERRAND

Le président Nicolas Sarkozy à propos de son Premier ministre, François Fillon :

« Ce n'est pas la peine de lui en parler, ça ne sert à rien puisqu'il ne sert à rien. »

Le général de Gaulle à propos de John Fitzgerald Kennedy et de ses négociations avec l'URSS :

« Il ressemble à Christophe Colomb, qui s'embarqua sans savoir où il allait, aborda sans savoir où il était, et revint sans savoir ce qu'il s'était passé. »

Lorsque l'on raconta à Clemenceau que le président Paul Deschanel était tombé d'un train, tête la première :

« C'est bien la première fois que, chez lui, la tête l'emporte sur le reste. »

Le futur président sous la IIIe République, Raymond Poincaré, à propos de Paul Painlevé, alors président du Conseil, qui était normalien et mathématicien :

« Cet animal-là ficherait du désordre jusque dans les mathématiques. »

Napoléon Ier à propos de Chateaubriand :

« Mon embarras n'est pas d'acheter M. de Chateaubriand, c'est de le payer le prix qu'il s'estime. »

« Je connais un tas de types à qui je ne pardonnerai jamais les injures que je leur ai faites. »

GEORGES CLEMENCEAU

« Sarkozy, faut lui marcher dessus. Et du pied gauche, ça porte bonheur. »

JACQUES CHIRAC

« Les féministes me détestent, n'est-ce pas ? Et je ne leur en veux pas. Car je déteste le féminisme. C'est du poison. »

Margaret Thatcher

« Oui, le peuple français est le peuple le plus intelligent de la Terre, voilà pourquoi sans doute il ne réfléchit pas. »

Edgar Faure

Nicolas Sarkozy se moquait de la passion de Jacques Chirac pour le sumo :

« Comment peut-on être fasciné par des combats de types obèses aux chignons gominés ? Ce n'est vraiment pas un sport d'intellectuel. Mitterrand, lui, au moins, il avait du goût. »

François Mitterrand raconta ainsi la transmission des pouvoirs de mai 1981 :

« Les secrets d'État de Giscard ? Est-ce que je peux garder mon chauffeur ? »

Le Premier ministre britannique de la fin du XXIe, Benjamin Disraeli, à propos de Lord John Russell :

« Si un voyageur apprenait qu'un tel homme est leader de la Chambre des communes, il comprendrait immédiatement comment les Égyptiens pouvaient adorer les insectes. »

Georges Pompidou à propos de l'ancien Premier ministre Maurice Couve de Murville :

« C'est un homme extrêmement modeste… et qui a toutes les raisons de l'être. »

George V, roi d'Angleterre, à propos de l'un de ses ministres :

« Je l'ai essayé sobre, je l'ai essayé saoul : il est resté aussi bête. »

Boris Johnson, alors ministre des Affaires étrangères britannique, au sujet d'Hillary Clinton :

« Elle a des cheveux colorés en blond, des lèvres pulpeuses et un regard bleu acier, comme une infirmière sadique dans un hôpital psychiatrique. »

Le président américain Lyndon Johnson à propos de Gerald Ford :

« Ford ne sait pas faire deux choses à la fois. Malheureusement pour les Américains, il mâche sans cesse du chewing-gum. »

Ou encore :

« Il a trop joué au football américain sans casque. »

Le Premier ministre britannique David Lloyd George à propos du maréchal Douglas Haig :

« Il est particulièrement brillant à la tête de son armée, lors d'un défilé. »

Ou encore :

« Il est brillant jusqu'au sommet de ses bottes. »

Nicolas Sarkozy à propos de Xavier Bertrand :

« C'est un méchant. Dix ans à essayer de placer des assurances en Picardie, dix ans à taper aux portes et à se prendre des râteaux, ça a de quoi vous rendre méchant pour le restant de vos jours. »

Nicolas Sarkozy à propos de son successeur à l'Élysée, François Hollande :

« Il n'aime ni décider ni trancher. Son monde est celui de l'ambiguïté sympathique. »

Harry Truman à propos du président Richard Nixon :

« On ne donne pas
un poulailler à garder
à un renard parce qu'il
a l'habitude de la volaille. »

« Pour désespérer de François Bayrou,
encore faudrait-il que j'aie un jour
placé de l'espoir en lui. »

NICOLAS SARKOZY

L'ancien Premier ministre britannique Benjamin Disraeli à propos de l'un de ses rivaux:

« On peut dire qu'il a une ignorance distinguée. Un jour, il a eu une idée, et elle était fausse. »

Nicolas Sarkozy, en off, à propos du président du Sénat Gérard Larcher:

« Je sais bien que je suis le Tom Cruise du pauvre, mais enfin Gérard Larcher, ministre, ce n'est pas possible: il est trop laid! »

Louis XVIII à propos de son frère Charles X :

« Il conspirait contre lui-même. Si je lui survis, la couronne nous restera. Si c'est lui qui me survit, je ne réponds de rien. »

« Rocard président ? Les Français ne porteront jamais à leur tête un homme qui pèse 40 kg ! »

François Mitterrand

Le Premier ministre britannique de la fin du XIXe, Benjamin Disraeli, à propos de Daniel O'Connell, un activiste irlandais :

« Il a commis tous les crimes, à l'exception de ceux qui requièrent du courage. »

Prenons un peu de hauteur

Et si, après ces centaines de pages remplies de bêtise crasse, d'outrances, de massacres et de folie pure, nous prenions un peu de hauteur ? Ça nous fera le plus grand bien. Les chefs d'État, à l'image de Lincoln, Mandela, Churchill ou Nehru, étaient à la fois des grands leaders, mais aussi des personnalités inspirantes comme le prouvent leurs plus belles citations.

« Que l'on me donne six heures pour couper un arbre, j'en passerai quatre à préparer ma hache. »

Abraham Lincoln

« Les hommes sont comme les chiffres : ils n'acquièrent de valeur que par leur position. »

Napoléon Ier

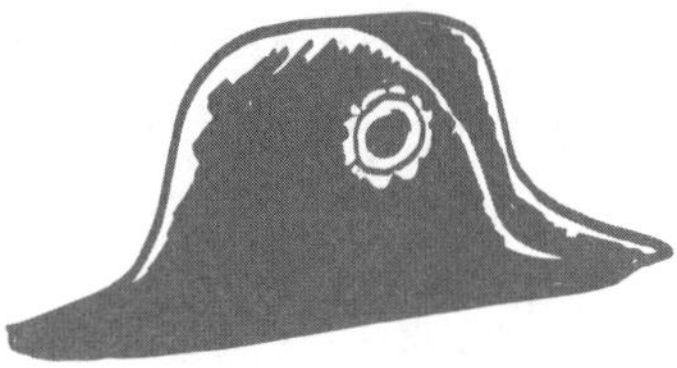

« Les livres nous donnent l'occasion de découvrir que nos idées si originales ne l'étaient pas tant que ça. »

Abraham Lincoln

Otto von Bismarck, qui fut chancelier de l'Empire allemand durant dix-huit ans, confia, à la fin de sa vie :

« Dans ma longue existence politique consacrée au service de mon souverain et de mon pays, j'ai eu l'honneur de me faire beaucoup d'ennemis. »

« Réaliser dans l'âge d'homme les rêves de la jeunesse, c'est ainsi qu'un poète a défini le bonheur. »

LÉON BLUM

« Dieu doit aimer les gens ordinaires ; il en fait tellement. »

ABRAHAM LINCOLN

« Il ne faut jamais me demander d'arrêter de faire de la politique, car tant qu'il me restera un souffle, j'en ferai. »

ABDOULAYE WADE, EX-PRÉSIDENT DU SÉNÉGAL

« Les orateurs élèvent la voix quand ils manquent d'arguments. »

Cicéron, homme d'État romain

« Le tact est une qualité qui consiste à peindre les autres tels qu'ils se voient. »

Abraham Lincoln

« Quand j'étais enfant, je disais : "Je veux être roi ou pape." »

François Mitterrand

« J'apprécie plus le pain, le pâté, le saucisson que les limitations de vitesse. »

JACQUES CHIRAC

« Si j'ai décidé de me présenter à cette élection présidentielle, c'est que j'ai compris que je ne pourrai jamais être Bruce Springsteen. »

BARACK OBAMA

« Celui qui aime son peuple aime les autres peuples. »

THOMAS SANKARA, CHEF D'ÉTAT DU BURKINA FASO DANS LES ANNÉES 80

« Le meilleur temps pour réparer sa toiture, c'est lorsque le soleil brille. »

John Fitzgerald Kennedy

« Si tu es prêt à sacrifier un peu de liberté pour te sentir en sécurité, tu ne mérites ni l'une ni l'autre. »

Thomas Jefferson

« À l'issue d'une longue guerre nationale, la victoire bouleverse comme la défaite. »

Léon Blum

« Ne me jugez pas par mon succès, jugez-moi par combien de fois je suis tombé et je me suis relevé. »

NELSON MANDELA

« Jésus fut le premier socialiste, le premier à rechercher une vie meilleure pour l'homme. »

MIKHAÏL GORBATCHEV

« Vous pouvez mettre des ailes sur un cochon, mais vous ne ferez pas de lui un aigle. »

BILL CLINTON

« Un homme d'État est celui qui pense aux générations futures, et un homme politique est celui qui pense aux prochaines élections. »

Abraham Lincoln

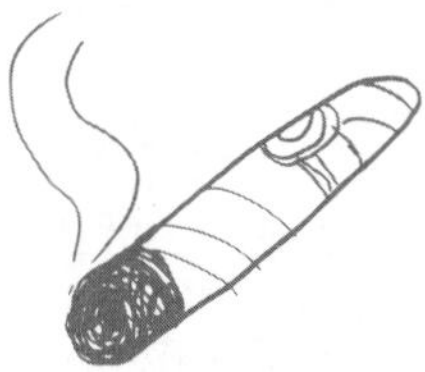

« Un gagnant est un rêveur qui n'abandonne jamais. »

Nelson Mandela

Avant de devenir l'un des pires tyrans du XXe siècle, Joseph Staline était un adolescent amateur de poésie. Il réussit à faire publier l'un de ses poèmes intitulé *Le Matin* dans un quotidien. Extrait :

« Épanoui, le bouton de rose
Se jette sur la violette au bleu pâlissant,
Et sous le souffle léger de la brise,
Le muguet s'incline au-dessus de l'herbe. »

« Un réactionnaire est un somnambule qui marche à reculons. »

FRANKLIN D. ROOSEVELT

« En politique, on n'est le père de personne… On a quelques amis, parfois deux ou trois disciples, mais des enfants, jamais. »

François Mitterrand

« Ne pas être belle fut une bénédiction. Cela m'a obligée à développer d'autres ressources intérieures. Une jolie fille a un handicap à surmonter. »

Golda Meir, Première ministre d'Israël, de 1969 à 1974

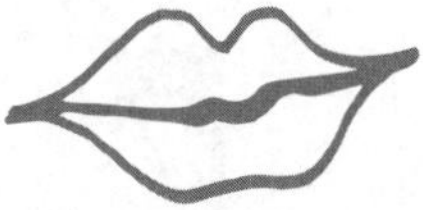

« Un militaire sans formation politique, idéologique, est un criminel en puissance. »

Thomas Sankara, chef d'État du Burkina Faso dans les années 80

« Les petites annonces contiennent toute la vérité que l'on puisse trouver dans un journal. »

THOMAS JEFFERSON

Winston Churchill à Neville Chamberlain, en mai 38, suite aux accords de Munich :

« Vous aviez à choisir entre la guerre et le déshonneur : vous avez choisi le déshonneur et vous aurez la guerre. »

« La muraille de Chine est un très bel ouvrage, mais il y a déjà trop de murs entre les hommes. »

MIKHAÏL GORBATCHEV

« La vie est comme un jeu de cartes. Les cartes que vous tenez en main représentent le déterminisme ; la façon dont vous les jouez, c'est le libre arbitre. »

JAWAHARLAL NEHRU, PREMIER MINISTRE DE L'INDE, DE 1947 À SA MORT EN 1964

« Les stylos qui écrivent contre le désarmement sont fabriqués avec le même acier à partir duquel sont fabriqués les pistolets. »

ARISTIDE BRIAND

« Du sublime au ridicule, il n'y a qu'un pas. »
Napoléon Ier

« Chaque fois que vous avez un gouvernement efficace, c'est une dictature. »
Harry Truman

« Parlez doucement, et tenez un gros bâton, vous irez loin. »
Theodore Roosevelt

« La guerre, c'est comme la chasse, sauf qu'à la guerre, les lapins tirent. »

CHARLES DE GAULLE

« Les grandes tragédies de l'histoire révèlent les grands hommes, mais ce sont les minables qui provoquent toujours ces tragédies. »

THOMAS SANKARA,
EX-CHEF D'ÉTAT DU BURKINA FASO

« Il ne suffit pas d'être un grand homme, il faut l'être au bon moment. »

GEORGES POMPIDOU

« Le processus de paix ressemble à une nuit de noces dans un champ de mines. »

SHIMON PERES

Le leader soviétique Nikita Khrouchtchev lors d'un discours devant des hommes d'affaires à San Francisco, en 1959 :

« Deux oiseaux habitaient, l'un dans un marais, l'autre dans un champ. L'habitant des marais s'étonnait que son compagnon des champs pût vivre dans un endroit sans eau ; l'oiseau des champs ne comprenait pas, de son côté, que l'on pût vivre dans un marais. »

« L'homme libre est celui qui n'a pas peur d'aller jusqu'au bout de sa pensée. »

Léon Blum

« Je suis le punching-ball national. En général, le boxeur se fatigue avant le punching-ball. »

François Mitterrand

« Si la vérité blesse, c'est la faute de la vérité. »

Nicolas Sarkozy

« Il y a récession quand votre voisin perd son travail, dépression quand vous perdez le vôtre. »

HARRY TRUMAN

« Un imbécile peut poser à lui seul dix fois plus de questions que dix sages ensemble ne pourraient en résoudre. »

VLADIMIR ILITCH LÉNINE

« L'histoire est une suite de mensonges sur lesquels on est d'accord. »

Napoléon Ier

« Les imbéciles se multiplient quand les sages sont silencieux. »

Nelson Mandela

« Les livres ne sont pas là pour répondre à vos questions, mais pour en poser de nouvelles. »

François Mitterrand

« On peut tuer un homme, mais pas des idées. »

Thomas Sankara, chef d'État du Burkina Faso dans les années 80

« L'Afrique sans la France, c'est une voiture sans chauffeur, la France sans l'Afrique, c'est une voiture sans carburant. »

Omar Bongo, ex-président du Gabon

« Tout le monde a son heure de gloire, mais certaines heures durent plus longtemps que d'autres. »

Winston Churchill

« La meilleure chose à propos de l'avenir, c'est qu'il vient un jour à la fois. »

ABRAHAM LINCOLN

« Un homme supérieur n'a pas d'amis puisqu'il n'a pas d'égaux. »

CHARLES DE GAULLE

« Mobilité et stabilité ne sont pas antinomiques : un cycliste n'est stable sur sa bicyclette qu'en avançant. »

JACQUES CHIRAC

« Il est sans comparaison plus facile de faire ce qu'on est, que d'imiter ce qu'on n'est pas. »

Louis XIV

« Un sot a un grand avantage sur l'homme d'esprit : il est toujours content de lui-même. »

Napoléon Ier

« Les politiciens sont les mêmes partout. Ils promettent de construire un pont même là où il n'y a pas de fleuve. »

Nikita Khrouchtchev

« L'avenir aura besoin non de politique et de religion, mais de science et de spiritualité. »

**Jawaharlal Nehru,
Premier ministre de l'Inde**

« La grande leçon de la vie, c'est que parfois, ce sont les fous qui ont raison. »

Winston Churchill

Cet ouvrage est composé de matériaux issus de forêts bien gérées certifiées FSC®, de matériaux recyclés et de matériaux issus d'autres sources contrôlées.
Le Forest Stewardship Council® est une organisation internationale non gouvernementale qui encourage une gestion écologiquement adaptée, socialement bénéfique et économiquement viable des forêts de la planète.
Pour en savoir plus, consultez le site www.fsc.org

FSC www.fsc.org
MIXTE
Papier issu de sources responsables
FSC® C022829

Achevé d'imprimer en janvier 2022
sur les presses de la Nouvelle Imprimerie Laballery
58500 Clamecy
Dépôt légal : mars 2022
N° d'impression : 201397

Imprimé en France

La Nouvelle Imprimerie Laballery est titulaire de la marque Imprim'Vert®